CINCUENTA SOMBRAS SOBRE BONANNO

MIQUEL AMORÓS

ESTEL NEGRE
18

CALUMNIA
2024

Legu, kopiu, diskonigu, reverku,
kantu, muzikigu, kriu, recitu
ĉi libron. Diskonigu la Ideon!

Llegiu, copieu, difoneu, reescriviu
canteu, musiqueu, crideu, reciteu,
aquest llibre. Difoneu la Idea!

Volgueren enterrar-nos,
no sabien que érem llavor!

CINCUENTA SOMBRAS SOBRE BONANO.
ANARQUISMO DE PRAXIS Y DESARME TEÓRICO | 2024
Texto: Miquel Amorós
Edición: Jordi Maiz | Raúl Montilla

Calumnia Edicions | Serra de Tramuntana (Mallorca)
info@calumnia-edicions.net | @calumniaeditor

1ª edición | marzo 2024
ISBN: 978-84-128279-1-0
DL: PM 0101-2024

CINCUENTA SOMBRAS SOBRE BONANNO

ANARQUISMO DE PRAXIS Y DESARME TEÓRICO

«Las comunidades del placer emergerán
de nuestra lucha aquí y ahora»

ALFREDO BONANNO
El placer armado

«...algunos grupos oprimidos están intelectualmente tan interesados en la destrucción y en la transformación de determinado orden social que, sin saberlo, sólo perciben aquellos elementos de la situación que tienden a negarlo. Su pensamiento es incapaz de diagnosticar correctamente una situación real de la sociedad, no les interesa en forma alguna la realidad; antes bien, se esfuerzan en su pensamiento por cambiar el orden vigente. Su pensamiento nunca es un diagnóstico de la situación; sólo puede servir para orientar la acción».

Karl Mannheim, *Ideología y Utopías*

01

Ya van casi treinta años más o menos que en este país existe una corriente anarquista que revolvió el anquilosado medio libertario y significó un cambio de perspectiva en cuanto al planteamiento de la acción revolucionaria. Limitando su crítica a cuestiones tácticas e ignorando todo lo demás, su aportación no fue cuantiosa. Informalidad frente a formalismo orgánico es uno de los ejes sobre el que pivota; los demás son el "ataque" tanto si llueve como si hace sol, la autonomía de las estructuras informales y la confianza a prueba de bombas en una relación lineal de causa a efecto entre la "intervención insurreccional" de los grupos y "la insurrección real y verdadera" de las masas. Las condiciones reales del momento en que emergieron, empezando por la ausencia de luchas importantes, la inexistencia de un movimiento obrero y un medio anarquista en decadencia, no eran las más favorables para que los proyectos insurreccionalistas pudiesen romper el espectáculo pacifista y electoralero de los seudomovimientos sociales que últimamente han pululado. Los sabotajes "insus" (el "ataque") no condujeron a "la destrucción del enemigo", ni siquiera al "choque", sino que siguieron y siguen siendo contemplados por las masas inconscientes como algo ajeno y exterior, con lo que la represión ha tenido el camino fácil. Pero pecaríamos de demasiado estrechos si no reconociéramos en el impulso que los ha provocado una auténtica voluntad de combate y una comprensión de las condiciones existentes algo mejor encaminada que la de otras corrientes libertarias modernas del tipo primitivista, municipalista, sindicalista, plataformista, queer, etc. Eso ya es motivo suficiente para fijarse en la tendencia insurreccionalista y repasar críticamente sus postulados principales.

El anarquismo insurreccionalista aparece muy ligado a la figura de Bonanno, su principal exponente aun cuando no detente ningún cargo en él, ni encabece jefaturas informales, ni tampoco represente en el movimiento más que a su persona. Cierto que sus opiniones y actos también suscitan críticas adversas y desacuerdos entre los grupos; más cierto es que hayan habido otros "teóricos" importantes como por ejemplo Constantino Cavallieri y Massimo Pasamani, o refractarios como Claudio Lavazza y Marco Camenish, cuyos análisis no casan con el sanbenito de "insurreccionalista"; pero el papel de Bonanno en la génesis de las tácticas y tópicos que caracterizan al insurreccionalismo, su autoridad moral y su influencia son innegables. Aclaremos que éste rechaza además la etiqueta aunque se haya servido de ella en innumerables ocasiones, que atribuye a los periodistas y a los críticos. Tras ese adjetivo no hay más que unos cuantos anarquistas que preparan proyectos insurreccionales. Dichos proyectos o "asaltos destructivos" contra el capital suelen ser tan brumosos y especulativos como la organización informal que ha de llevarlos a cabo, por lo cual mejor sería hablar de aventuras. No obstante, hay que exonerar a Alfredo María del aventurerismo folletinesco de sus admiradores a un lado y otro del Atlántico; una cosa es Bonanno, y otra, los bonannistas: la simplicidad doctrinal del maestro es relativamente poco responsable del inmediatismo mágico de sus discípulos posmodernos y de sus infantiles catecismos, a menudo tan dañinos para la causa y tan fatales para ellos mismos. Bonanno extrae sus ideas de las experiencias italianas habidas entre los setenta y los noventa, mientras que sus seguidores foráneos hacen caso omiso de las suyas en sus respectivos países. Y lo que es mucho más importante: Bonanno juega a la insurrección porque asume todas las consecuencias del juego, cosa que no siempre ocurre con sus fans. Es un veterano anarquista de dilatada experiencia y un enemigo público de la dominación a quien el Estado ha correspondido con varios procesos y encarcelamientos. Recientemente se le ha denegado la entrada en dos de ellos, Chile y México. Ha publicado numerosos escritos que permiten aproximarse a su pensamiento sin problemas, ya que no es nada complicado ni original; por formación y carácter siempre ha tomado la menor reflexión filosófica por lo que él llama "metafísica", lo que no nos debe extrañar puesto que el verdadero Bonanno ha sido antes agitador y hombre "de ataque" que pensador analítico y esclarecido. Sin embargo, si nos atenemos al verdadero significado de la cosa, la del estudio de los principios y causas primeras, la doctrina bonanniana no es otra cosa que una metafísica de la acción. Nuestra intención será la de detectar su aparición y seguir su desarrollo acercándonos a su experiencia y trayectoria personales con la debida precaución metodológica, insistiendo en que la cosmovisión bonannista no es el único insurreccionalismo. Reductoramente, nos limitaremos a su figura dejando que otros se queden con todo lo demás. Con que nos devuelvan el rosario de la madre, como canta María Dolores Pradera, tendremos suficiente.

02

Alfredo María Bonanno nació en Catania (Sicilia) en 1937, en el seno de una familia acomodada. Poco sabemos de sus primeros treinta años sino que estudió Comercio y que se acercó a la lucha contra el Estado a través de la lucha contra la religión. Su conversión al anarquismo es deudora de la conmoción de la estancia en un colegio de curas, no de la contemplación de la injusticia social, que ha sido el caso más frecuente. Según propia confesión, cabría situar el acontecimiento entre 1958 y 1961. Trabajó en un banco, luego fue directivo de una empresa y despúes se gano la vida como contable hasta regentar una librería. Sus primeros escritos datan de 1968; tratan de temas filosóficos y doctrinales, y dada la frivolidad que el autor ha demostrado siempre en esas materias podemos hacernos una idea de la hondura de su aportación. Los más antiguos que conocemos son de 1970 y versan sobre el ateísmo y la "autonomía de los núcleos productivos de base". Un escrito de 1971 habla de "contrapoder", lo que denota influencias "operaistas" que bien podían venir de Toni Negri o de la organización maoespontaneista "Potere Operaio". El "operaismo" era una corriente crítica marxista que en los sesenta había desempeñado más o menos el mismo papel que "Socialisme ou barbarie" en Francia, llevando la renovación teórica hasta en las mismas filas libertarias. También realizó traducciones de clásicos como Rudolf Rocker o del dudoso Gaston Leval. Cuando las aguas del anarquismo italiano empezaron a agitarse como consecuencia de mayo del 1968 y de las huelgas del otoño "caliente" de 1969, nuestro personaje ya estaba bastante rodado en la ideología para posicionarse con claridad "a la izquierda" del anarquismo en un debate generacional. Los jóvenes libertarios no querían limitar la acción a la propaganda y el proselitismo, y deseaban participar efectivamente en las luchas reales, para contribuir "al crecimiento de la conciencia revolucionaria en las masas". La organización de las viejas glorias y sus seguidores estaba más pendiente de sus reuniones y congresos que de las propias luchas y no aspiraba sino a "sumar el mayor número de personas bajo una sigla o bandera", no tan preocupada "en atacar el Poder como en tratar de molestarlo lo menos posible a fin de seguir disponiendo de pequeñísimos espacios donde luchar o donde ilusionar con su lucha". Era pues "un movimiento que se coloca como depositario de un patrimonio de ideas, análisis y experiencias bien precisas, pero que no tiene relación directa con las luchas" (*Movimiento ficticio y movimiento real*). La maraña de acuerdos y procedimientos orgánicos permitían a una pequeña burocracia de responsables paralizar cualquier iniciativa discrepante con la línea oficial, por lo que la cuestión orgánica fue el principal casus belli entre los viejos militantes inmovilistas y la nueva generación activa.

La Federación Anarquista Italiana estaba organizada en base a un "pacto asociativo" redactado por el mismísimo Malatesta. En tanto que organismo "de síntesis", en ella tenían cabida los anarquistas de todas las tendencias, aunque no todas las tácticas, pues éstas eran convenientemente reconducidas en los congresos, donde "pequeños centros de poder" controlaban, juzgaban, condenaban o absolvían a las minorías. Los jóvenes defendían una estructura flexible de "grupos de afinidad", sin programa, reglamentos o comités, ni más nexo de unión que la autonomía individual y la responsabilidad personal. Críticos con los sindicatos, promovían pequeñas organizaciones de base independientes de cualquier estructura política o sindical como por ejemplo el Movimiento Autónomo de los Ferroviarios de Turín, medio óptimo de intervención de los anarquistas en las luchas. Bonanno afirmaba: "Nosotros somos partidarios de la organización, pero la organización puede ser un problema en sí misma, aislada de la lucha; un obstáculo para acceder al combate de clase". Sin embargo la cuestión que más separaba a los viejos libertarios de los jóvenes era la de la violencia revolucionaria. En un momento en que la burguesía italiana experimentaba con el terror, el problema de la respuesta violenta, del que la lucha armada o los atentados no eran sino aspectos imposibles de ignorar. Los militantes patentados no sólo evitaban comprometerse en tales debates sino que intentaban aislar mediante calumnias y maniobras a quien insinuara su necesidad. Se había llegado a un punto en que lo que unía a los jóvenes libertarios con la FAI era mucho menos que lo que les distanciaba, así que las escisiones no se hicieron esperar. Desde 1969 se sucedieron las rupturas; hubo impacientes que se afiliaron a Lotta Continua o a Potere Operaio, mientras que otros fundaron los Grupos Anarquistas Federados y publicaron *A Rivista Anarchica*, que durante años fue la tribuna de los anarquistas "alternativos". Una interesante aportación que hicieron fue la crítica de la "tecnoburocracia" y del nuevo capitalismo "gerencial", trasunto de "La Revolución de los mánagers", de John Burnham, de la que Bonanno tomará nota y divulgará en escritos posteriores. Una tercera corriente quedó constituida por quienes se inspiraban en la Plataforma de Archinoff y Makhno, como la ORA francesa o la FAU uruguaya, propugnando una organización aún más rígida y sobre todo más vanguardista, guardiana de los principios de un anarquismo tutelado y populista.

Sin embargo, aparte de las escisiones, el principal problema de la FAI a partir de 1968 parece haber sido las ideas situacionistas, verdadero disolvente de las consignas estereotipadas militantes y de los tópicos anarcosindicalistas y antimarxistas que cimentaban un ideario estancado y paralizante, incapaz de realizar una crítica unitaria y radical de la nueva sociedad de clases con la que orientarse en las luchas contra la dominación renovada. La Internacional Situacionista, que contaba con una sección italiana, había terminado por encarnar la figura del "mal histórico" ante los propietarios de la FAI, ideólogos de un determinado "anarquismo" perfectamente compatible con una sociedad de clases modernizada. La tensión entre los propietarios orgánicos y un sector contestatario en constante ebullición que les acusaba de burocratismo e ideología y que proponía una crítica de la vida cotidiana, hablaba de consejos obreros o defendía métodos violentos de acción, provocó un reflejo defensivo entre los primeros de tipo paranoico. Los burócratas faístas se sentían infiltrados por misteriosos agentes situacionistas y reaccionaron convocando un congreso, el décimo, que se celebró en Carrara el 10 de abril de 1971, dedicado íntegramente a combatir el fantasma de la I.S. El congreso tomó la decisión de excluir a los "anarcosituacionistas" para evitar que el ejemplo cundiese en los grupos y federaciones locales. La insignificante FAI, obsesionada por lo que no eran más que los efectos antiburocráticos del primer estadio de la autonomía proletaria, permanecía ciega ante el verdadero peligro, el de la instrumentalización del movimiento libertario por los servicios secretos del Estado italiano. En efecto, las bombas fascistas de Milán del 29 de abril y las de Piazza

Fontana del 12 de diciembre de 1969 fueron atribuidas por la policía a los anarquistas. Uno de ellos, Giuseppe Pinelli, fue arrojado por la ventana de una comisaría y otro, Pietro Valpreda, fue escogido como cabeza de turco de los atentados. Pese a las evidencias de que se trataba de un atentado organizado por el Estado, denunciadas en el acto por los compañeros de Pinelli, por la sección italiana de la I.S. y por la organización Ludd-Consejos Proletarios, la FAI, alarmada por los acontecimientos, durante seis meses aceptó la versión estatal, reaccionando con furia contra todos los anarquistas críticos, "extremistas" o "inclasificables", entre los que incluiría a Bonanno. El asunto trascendía los medios libertarios y puso en tensión a toda la sociedad italiana. Para exacerbar más los ánimos, en mayo de 1972 el anarquista Franco Serantini fue apaleado hasta la muerte por la policía en una manifestación, y el comisario Calabresi, responsable de la muerte de Pinelli, ejecutado por un comando al cabo de unos días. La FAI no dudó en distanciarse de las respuestas violentas a la represión, llegando a condenar los atentados y las bombas contra la policía y la magistratura. Bonanno, que había reprobado el bombazo en la Cuestoría de Milán un año antes, mantuvo una actitud opuesta que hizo constar en las páginas de *Sinistra libertaria*, publicación de la que era responsable, firmando un artículo titulado *Yo maté al comisario Calabresi*, sentido del humor y valentía que le valió en octubre de 1972 una condena de dos años y dos meses por "apología del delito". Salió en libertad provisional al cabo de dos meses y al final fue absuelto.

03

Cabe pensar que leyó bastante en ese periodo porque en 1974 publicó algunos folletos sobre el Estado, la abstención y la revolución. A estas alturas ya creía haber arrojado a la balanza de las justas teóricas el peso decisivo de su pensamiento, editando de su bolsillo una espesa antología titulada *La dimensión anárquica*. Al año siguiente dio a imprimir el libro *Autogestión*, donde en vano buscaremos una definición concreta del término, no hablemos ya de un tratamiento histórico del tema. En esta ocasión había recurrido a la vieja técnica de recorta y pega, mientras seguía con sus artículos para la revista teórica bimestral *Anarchismo*, fundada por él mismo en Catania. En ella se propuso liquidar la renovación teórica nacida en 1968 que buscaba la conciliación de Marx con Bakunin, o sea, de la crítica de la economía política con la negación del Estado. Justificaba el rechazo al método dialéctico por ir de la mano de formas "autoritarias" de pensamiento que correspondían a formas autoritarias de acción (*Crisis económica y posibilidad revolucionaria*). Marx no resultaba útil para Bonanno ni siquiera como crítico de la economía pues su pensamiento era filosófico, hegeliano, y por lo tanto "huele a metafísica". Alérgico a la terminología filosófica, se atrevía a calificar la obra marxista de "un programa que tiene sus raíces en el misticismo protestante de la Edad Media" (*Después de Marx, autonomía*) lo que podría considerarse una opinión respetable si no fuera porque el protestantismo ni tiene que ver con la mística, ni sucedió en la Edad Media. Bonanno tendrá siempre el problema de quienes han de hablar de todo, sepan o no sepan, y con alguna frecuencia aparecerán deslices ridículos en su extensa obra. Podía con facilidad haber reparado en el papel desempeñado por la filosofía clásica alemana en la formación del pensamiento revolucionario teniendo tan a mano a Bakunin, un exponente inmejorable de la influencia de Hegel, Fichte y Comte. Su crítica del sindicalismo repite algo sabido desde Mayo del 68: "el capitalismo al viejo estilo ha dejado lugar a una nueva versión gerencial. Es perfectamente consciente de que su mejor amigo y aliado es el sindicato" (*Una crítica de los métodos sindicalistas*, 1975). Por lo demás no difiere de la que decían los marxistas consejistas (llega a citar a Pannekoek), sólo que la hace extensible a los sindicatos libertarios. Sin embargo no se entretiene en los consejos obreros, las asambleas, los comités y demás formas de coordinación horizontal pues a Bonanno no le interesa la clase obrera "en sí", sino la manera como el anarquismo se articula en la autoorganización de clase. Los anarquistas no han de inyectar sus ideas a las masas desde fuera, mediante la propaganda: "el proyecto revolucionario anarquista parte del contexto específico de la realidad de las luchas. No es un producto de la minoría, no es elaborado por ésta y exportado al movimiento de los trabajadores que lo adquiere en bloque o a plazos [...] es necesario partir del nivel real de las luchas, del nivel concreto y material del combate de clase construyendo pequeños organismos de base, autónomos, capaces de colocarse en el punto de coincidencia entre la visión total de liberación y la visión estratégica parcial que la colaboración revolucionaria hace indispensable" (*Movimiento ficticio y movimiento real*). En 1975 Italia era un polvorín y Bonanno se sumaba a los miles de militantes que consideraban con razón que el país entraba en una fase prerrevolucionaria, por lo que lo fundamental era la organización autónoma de los trabajadores, para la que según él se necesitaban "núcleos autónomos de base", o "núcleos obreros autónomos", que no eran otra cosa que "pequeñas organizaciones autónomas de base dedicadas a la lucha radical contra las actuales estructuras de producción" (*Una crítica de los métodos sindicalistas*). Esos núcleos constituían el punto de encuentro entre los anarquistas y el proletariado. Desconfiaba de estructuras más amplias como las asambleas obreras porque coartaban la autonomía de los grupos y podían ser fácilmente manipuladas por burócratas y demagogos. La hostilidad a la democracia directa será una constante en su pensamiento y una verdad como un templo para sus seguidores. No se definió demasiado sobre los pasos siguientes hasta que un salto cualitativo en la conflictividad social puso sobre el tapete la cuestión de las armas.

A mediados de los años setenta el Estado italiano se había debilitado en grado máximo y había revelado su flaqueza recurriendo a los montajes terroristas que señalaban enemigos ficticios, con la complicidad de los medios de comunicación y los estalinistas. Las tentativas de reestructuración industrial agravaban la revuelta social que pasaba de las fábricas a la calle. En palabras de Bonanno, "el movimiento revolucionario, incluyendo el anarquista, estaba en una fase de desarrollo y todo parecía posible, incluso la generalización del conflicto armado". La existencia de un partido militarizado como las Brigadas Rojas, provocaba en los medios antiautoritarios el temor a que éste tomara la dirección de las luchas. El debate sobre alternativas armadas libertarias dio lugar en 1977 al nacimiento de Azione Rivoluzionaria, "una estructura combatiente lo más abierta posible a la base". La crítica de las armas, "la única fuerza que puede hacer creíble cualquier proyecto" según A. R., alcanzaba niveles de enfrentamiento, no ya en la FAI (que, más interesada en el sindicalismo que en la revolución, obviamente condenaba la lucha armada), sino entre los mismos revolucionarios. Para unos se trataba de una violencia separada que no favorecía el enfrentamiento de clase sino el espectáculo del enfrentamiento, contribuyendo a criminalizar el "movimiento de la autonomía" y a provocar su represión. Para A.R. el movimiento no hubiera sido tomado en serio y seriamente temido si no fuera por la guerrilla armada. Era lógico que la represión sucediese a la ofensiva revolucionaria hubiese o no guerrilla, pero gracias a que ésta hizo de pararrayos echándose encima al aparato represivo, el movimiento todavía conservaba sus sedes, sus periódicos y sus radios. La respuesta de Bonanno fue primero el texto *Movimiento y proyecto revolucionario*, seguido por el libro *El placer armado*, muy impactante en su momento debido más que a la rotura de tabúes militantes, al hecho de estar prohibido al poco de publicarse (en la concentración de Bolonia fueron repartidos o vendidos cerca de tres mil). El libro no contiene ningún análisis del momento, ni discute seriamente de armas: no es un libro de estrategia, sino de principios. La novedad no reside en su contenido, recuperado de la intensa obra de la "corriente radical" prositucionista producto del movimiento de 1967-68 —especialmente la del grupo "Comontismo", los escritos del ex situacionista Raoul Vaneigem *Terrorismo y revolución* y, bajo el seudónimo de Ratgeb, *De la huelga salvaje a la autogestión generalizada*, de mucho éxito en Italia, o la revista "Insurrezione"— sino en que reúne y trata con una superficialidad apta para todos los públicos de todos los temas que podían preocupar a rebeldes a quienes no gustase demasiado leer y para quienes la revolución no fuese algo muy diferente de una especie de barra libre generalizada. A pesar de unas palabras desdeñosas que dedica a Mayo del 68 su lenguaje es prositu: la revolución es una fiesta, no trabajar jamás, la autogestión es la autogestión de la explotación, la lucha es placer, el juego es un arma, destrucción de la mercancía, etc. La palabra espectáculo se repite docenas de veces, mientras que las referencias al Estado, más propias de los anarquistas, son mínimas. En algunas páginas Bonanno pretendía en lenguaje vaneigemiano "oponer la estética del no trabajo a la ética del trabajo". Aunque no hacía mucho que luchaba por la "organización autónoma de la producción", ahora "El único camino que los explotados pueden tomar para escapar del proyecto globalizador del capital es el que pasa por el rechazo del trabajo, de la producción y de la economía política (...) la revolución no puede reducirse a una simple modificación de la organización del trabajo... la revolución será siempre y solamente negación del trabajo, la afirmación del placer". A pesar de haberle dedicado un libro a la idea según la cual los expropiados se reapropian de la totalidad del proceso productivo, es decir, a la autogestión, ahora la condenaba como una mistificación: "Realizada victoriosamente la lucha, la autogestión de la producción se vuelve superflua, porque después de la revolución la organización de la producción se vuelve superflua y contrarrevolucionaria". No obstante, no nos lo tomemos al pie de la letra: en fechas posteriores, con el adjetivo de generalizada, puesto en circulación por los situacionistas, la autogestión quedaría rehabilitada en el imaginario bonanniano como arma insurreccional. Si alguien buscaba un esbozo de estrategia o simplemente ideas prácticas para encarar los problemas inmediatos de la revolución que en 1977 se jugaba a doble o nada, no los iba a encontrar en el libro, todo él una mistificación de más, incluso en lo concerniente a la lucha armada. Aparte de felicitarse por la violencia contra la policía, los patronos o los periodistas del poder y de decir eso de "date

prisa en armarte", advertía contra la sacraliza-
ción de la metralleta, pues la lucha armada no
representaba "toda la dimensión revolucionaria". De todas formas ésta era incuestionable,
pues cualquier crítica al respecto hubiera favo-
recido a "los torturadores": "Cuando decimos
que el tiempo no ha llegado para atacar con
armas al Estado estamos abriendo las puertas
del manicomio para aquellos camaradas que
realizan tales acciones". Entre el sesentayochis-
mo más o menos contracultural y los tiros, la
opción estaba clara. Y nada más, un llama-
miento a pasarlo bien y a dejar tranquilos a los
grupos armados mientras el proletariado italiano se encontraba ante la disyuntiva de abolir
el trabajo o seguir trabajando, de hacer la revolución o adaptarse a la contrarrevolución.
Bonanno se complacía en ver el libro cons-
tantemente reeditado, aunque no lo valoraba
demasiado: "El título es la mitad del libro.
Rompe los dos tercios (...) El placer está en el
proyecto armado, no en empuñar la pisto-

la" (entrevista para la revista *Tierra y Tempestad*, de Montevideo, en noviembre de 2013). Bonanno, desde las páginas de su revista *Anarchismo*, constataba la generalización del comportamiento ilegal y el sesgo prerrevolucionario del momento, pero la organización guerrillera A.R. ironizaba sobre el carácter puramente literario del posicionamiento de la "crítica crítica de Catania", que "por fin quiere aclarar lo que deberían ser las tareas revolucionarias de los anarquistas. Dadas las premisas sería de esperar una respuesta de este tipo: los anarquistas habrán de empezar a rebelarse. Nada de eso: los anarquistas habrán de empujar a los explotados a rebelarse. Si lo interpretamos con maldad eso querrá decir: la vieja cantinela, los leninistas, los estalinistas, los obreristas se rebelan ¿por qué los anarquistas se limitan a empujar a los demás a hacerlo? ¿Quién les empujará a la vez? ¿No estarán de nuevo fuera de la Historia? Una interpretación benévola: empujar a los explotados a rebelarse de la única manera posible, es decir, rebelándose ellos, no con ríos de tinta..." (A.R., *El Movimiento de 1977 y la guerrilla*). La huelga general no tuvo lugar, quedando los grupos armados y los elementos irrealistas como Bonanno cada vez más aislados. Aunque el reflujo del movimiento de 1977 dejó la lucha armada como única salida honorable para los rebeldes que no se doblegaban ante los hechos, no hubieron los diez, cien, mil núcleos armados que anunció A. R. en su declaración fundacional. Los sindicatos impusieron el orden en las fábricas y la policía, en la calle. El Estado se reforzó y los comportamientos ilegales fueron duramente reprimidos. Se produjeron oleadas de detenciones; la lucha armada se disolvió como un azucarillo en el agua. En 1979, la mayoría de miembros de Azione Rivoluzionaria cayeron presos y desde las celdas dieron punto final a la guerrilla, pasando algunos a la organización leninista Prima Linea, cosa que despertaba dudas sobre la firmeza ideológica de aquella organización, tan rotundamente proclamada en sus octavillas y comunicados.

04

A finales de 1977, Bonanno fue arrestado por escribir *El Placer Armado* y condenado el 30 de noviembre de 1979 a un año y medio de cárcel, aunque luego fue amnistiado. También fue juzgado por ofensa a la religión, siendo finalmente absuelto. Usando un procedimiento que había resultado con el situacionista Sanguinetti, publicó un elogio a la violencia firmado falsamente por Sartre, algo que no fue demasiado comprendido por sus lectores. Lejos de acobardarse o de arrepentirse como hacían montones de exaltados de la víspera, se solidarizó con los activistas prisioneros, incluso con los de B.R. o los P38, arremetiendo públicamente contra Amedeo Bertolo y Paolo Finzi que desde *A Rivista Anarchica* se habían despachado a gusto contra su recensión de un libro sobre Emile Henry. Era la primera vez que le atacaban públicamente desde una tribuna anarquista y que además le restregaban su exhibicionismo en las reuniones. Bonanno aprovechó la ocasión para tratar la cuestión de la violencia de clase sin entretenerse en moralismos sospechosos: "Terrorista no es el que se enfrenta al poder con violencia para destruirlo, sino el que emplea medios violentos y crueles para asegurar la continuidad de la explotación. Por eso, ya que solo una pequeña minoría se interesa en dicha continuidad (patronos, fascistas, políticos de cualquier tipo y color, sindicalistas, etc.), es lógico deducir que los "verdaderos" terroristas son estos últimos, en cuanto que emplean medios violentos para perpetuar la explotación. Y la violencia de esta gente se realiza en la fuerza de las leyes, en las prisiones, en la obligación de trabajar, en el mecanismo automático de la explotación. La rebelión del explotado nunca es terrorismo". (*Del terrorismo de algunos imbéciles y de otras cosas*, 1979). Al asimilar los condicionantes a las formas extremas de opresión, identifica ésta sin más con terrorismo: "Anotemos que terrorista debe de ser el que aterroriza a otro, el que trata de obtener cualquier cosa imponiendo su punto de vista con acciones que siembran el terror. Así, resulta claro que el poder aterroriza a los explotados de cien maneras. Éstos tienen miedo de no trabajar, de la miseria, de las leyes, de los carabiniere, de la opinión pública; sufren un terrorismo sicológico compacto que le reduce a una situación de sumisión casi total en la lucha contra el poder. Esto es terrorismo" (*íbidem*). Sin embargo Bonanno no llegaba a aprobar la lucha armada, todavía discutible a nivel estratégico, y menos aún la necesidad de un "partido armado". Lo que rechazaba era la contraposición que consideraba maniquea entre lucha armada y lucha de masas, porque conducía a la desautorización y criminalización de los que practican la primera. Planteaba la cuestión para no resolverla; prácticamente se lavaba las manos en un asunto de crucial importancia para los revolucionarios del momento. Así pues, la lucha armada era una opción respetable con la que se podía o no estar de acuerdo, pero a la que ningún guardián de la anarquía podía arrojar del templo. Ni toda era buena, ni toda era mala, aunque, siempre, éticamente   justificable. El tema acabaría siendo su especialidad, pero nuestro Poncio Pilatos no se contentaba con eso. Para entonces su pensamiento adquiría un nivel de confusión y una falta de estilo preocupantes. Bonanno había enfermado de grafomanía y con la mayor desenvoltura atacaba cualquier asunto, con un tono sentencioso que pretendía producir sensación de profundidad y con alusiones abundantes para aparentar saber más de lo que decía, trucos habituales para dejar boquiabierto a un lector poco exigente. Los hechos eran tenidos en poco y apenas recurría a ellos para fundamentar sus perentorios asertos. Si mencionaba el "movimiento real" era como simple lugar común de su retórica alambicada. De una cosa iba a otra entre exabruptos, tópicos, afirmaciones gratuitas y, de cuando en cuando, alguna verdad medio ahogada entre tanta frase, ensartándolo todo sin el menor encadenamiento lógico. El final era el principio: la acción insurreccional. Podemos recoger ejemplos de su insensatez a docenas; pero bastaría echar un vistazo a *El agua sucia y el niño*, donde aspiraba a liquidar entre otras cosas su situacionismo mal digerido, el "movimiento" de 1977, la dialéctica y el marxismo. El hecho de que Bonanno despreciara la actividad teórica si no desembocaba en la acción inmediata y contundente, no le ahorraba la conversión en, por decirlo con sus propias palabras, uno de esos "aficionados a la pluma, que producen análisis como la Fiat automóviles".

En mayo de 1980 la policía realizó una razzia contra los anarquistas vinculados a la revista *Anarchismo*. Bonanno y sus compañeros fueron acusados de pertenecer a Azione Rivoluzionaria, pero el montaje resultó fallido en la misma fase de instrucción. El final del movimiento revolucionario se produjo en medio de un sinfín de delatores y arrepentidos. El mismo Toni Negri encabezó a los "disociados", aquellos que se comprometían a no combatir jamás al Estado a cambio de beneficios penitenciarios, y se apuntó al coro de los que pedían amnistía. Bonanno arremetió justamente contra todos en el librito de 1984 titulado *Y nosotros estaremos siempre dispuestos a empadronarnos nuevamente en el cielo*, lo que le valió otro proceso. De la fácil derrota de los revolucionarios sacó conclusiones que iban en sentido opuesto al de las organizaciones anarquistas supervivientes, pues apuntaban hacia la acción violenta contra las personas y objetos que encarnaban la represión, la justicia burguesa, la tecnoburocracia, el sindicalismo y el capitalismo, todo lo cual debía "traducirse en actos precisos, en actos de ataque, no sólo verbal, sino en los hechos" (*La Revolución ilógica*, 1984). Los verdaderos anarquistas debían estar en revuelta permanente y pasar al ataque: "Reafirmamos con insistencia nuestra convicción de que el uso de la violencia organizada contra los explotadores, incluso cuando reviste el aspecto de acción minoritaria y circunscrita, es un instrumento indispensable de la lucha anarquista contra la explotación" (*Y nosotros, etc.*). Después de años mareando la perdiz, por fin se había decidido a dar el paso. Las discusiones de la cárcel y el espectáculo vergonzoso de los arrepentidos y disociados habían contribuido lo suyo. Bonanno, a quien agradecemos que se olvidara de Spinoza y del "obrero difuso", dice verdades evidentes que por suerte no quedan disimuladas tras su verborrea pretenciosa: "La amnistía, no nos la darán. La tendremos que pagar". El precio será el espíritu revolucionario, las ideas, la dignidad, el valor. "Si aceptamos hoy el acuerdo, mañana como mucho nos veremos luchando dentro del gueto en el que nos habrá aparcado el poder... colaborando nos rendimos en bloque al enemigo". Para los estalinistas extremistas: "La reducción de la guerra de clases a un simple enfrentamiento militar leva en sí la conclusión lógica de que si sobre dicho terreno se sufre una derrota, la guerra de clases deja de existir como tal. Se llega al absurdo, no sólo teórico, sino práctico, de que hoy en Italia, después de la derrota de las organizaciones combatientes, no se trata ya de una guerra de clases en actos, y que interesa a todos (y en primer lugar al Estado) negociar una rendición para evitar que se desarrolle un proceso conflictual absolutamente ficticio y completamente perjudicial para cada uno" (*Ibidem*). Efectivamente, la traición de Negri y los colaboradores residía en su leninismo peculiar que lo traducía todo en términos de poder separado; como representantes autoproclamados de la clase obrera, ellos eran los interlocutores privilegiados del Estado y su salvación era cuando pintaban bastos la cuestión central. En tanto que partido derrotado no iban a luchar para conseguir su liberación, sino negociar su liberación para reemprender la lucha por otros medios. Con el futuro hipotecado por los pactos con el Estado, ¿qué lucha iba a ser esa? Acertadamente Bonanno señalaba que una cosa era abandonar las armas por haber cambiado de opinión y otra, hacerlo porque el poder dominante te lo exigía: "no te piden una crítica, te piden una abjuración". Ante el Estado nadie era inocente: "todos somos responsables de nuestro sueño de escalar el cielo. No podemos ahora transformarnos en enanos después de haber soñado, codo a codo, cada uno sintiendo cómo batía el corazón de los demás, de atacar y abatir a los dioses. Es ese sueño lo que atemorizó al poder [...] Nadie puede ser neutral, somos culpables de la gestión y elaboración de aquella atmósfera que nos entusiasmó y arrastró. Incluso los más críticos pueden pretextar una inocencia original. A los ojos del Estado, precisamente esta atmósfera es la culpable. Y eso hemos de reivindicarlo". (*Íbidem*). Pero estos flashes de lucidez no bastaban para iluminar el nuevo panorama de los ochenta, con una clase obrera sometida y miles de presos en las cárceles. En vano buscaremos en su obra un balance del proceso que condujo a ese desastre. Bonanno solamente nos ofrecía una reafirmación: "En esta época de liquidación y de saldos reafirmamos que nuestra lucha es una lucha por la liberación total, aquí y ahora". Desechaba la crítica por el dogma de la sagrada insurrección, usando como motor de la revolución la voluntad en lugar de la realidad, marcada ésta por la desaparición de los movimientos revolucionarios. Si no había verdade-

ras revoluciones, a base de tesón y autoengaño
se podían inventar. Empleando un mani-
queismo inverso, oponía lucha de masas a revuelta insurreccional, al no considerar ésta
como un momento del desarrollo de aquella,
sino como un instrumento: "para nosotros
las luchas intermedias no son un fin sino un
medio que utilizamos (incluso con frecuencia) para llegar a un fin diferente: empujar a la
rebelión [...] lo importante es que las luchas
intermediarias tienen que hallar una conclusión violenta, un punto de ruptura, una línea
de fuerza más allá de la cual la recuperación
no sea posible". Para llegar ahí hacía falta una
conciencia de la necesidad de generalizar la
violencia y esa era la función de un "movimiento específico": "hemos de crear la posibilidad de un movimiento específico que sea
capaz de fijar encuentros comunes con el movimiento real, en los lugares y según los senti-
mientos en los que el batido de este último sea
perceptible al batido del primero". (*Íbidem*).
En la medida que tenía sentido tal logorrea,

sonaba mal: las masas eran incapaces de alcanzar metas revolucionarias sin el concurso de una elite, llámese movimiento específico u otra cosa, de lo contrario, sus luchas, "intermedias", jamás llegarían al nivel insurreccional necesario. Para que una crisis revirtiera en una situación revolucionaria era primordial la participación activa en las luchas de los insurreccionalistas, los únicos capaces de enfocarlas correctamente mediante un programa informal, o en su lenguaje, "desde el punto de vista del método y del proyecto insurrecional". El anarquismo bonannista iba concretándose en una vulgar ideología peliculera y vanguardista, bastante cercana en sus fundamentos teóricos al extremismo militarista del "partido armado." En los años siguientes Bonanno elaborará los conceptos esenciales de la ideología insurreccionalista a partir de la separación entre lucha de masas y lucha insurreccional, separación a la que sólo una minoría selecta, "específica", ayudaría a superar. Su obra empezaba a ser conocida fuera de Italia y él mismo era una figura maldita del anarquismo internacional. Su gran hallazgo teórico —que cualquier tipo de acción, por minoritaria que fuese, era posible y deseable en cualquier momento— le marcaría indefectiblemente el camino.

05

Las condiciones ideológicas de existencia que determinan la parálisis de los antagonismos sociales no eran dignas de ser tenidas en cuenta: en un principio fue la acción. La separación entre teoría y práctica reducía la una a simple acompañamiento y la otra a mera técnica. Para Bonanno el "no esperar" como hacían las organizaciones anarquistas "específicas" y "pasar a la acción" requería un tipo de organización diferente, no permanente, definido como "informal", y creyó encontrarlo en los grupos de afinidad.

Dichos grupos habrían de elaborar un "proyecto" producto de sus análisis y discusiones, que orientaría y estimularía la acción. Usando el lenguaje técnico del márketing empresarial, en uno de los artículos de *Anarchismo* describía el proyecto como "el lugar de la conversión de la teoría en la práctica", especificando las cuatro condiciones sine qua non para su elaboración que debía reunir el revolucionario, a saber, coraje, constancia, creatividad y "materialidad" (algo así como sentido práctico). El simplismo practicista de Bonanno en las décadas siguientes dio pie a un simplismo majadero y acartonado entre sus admiradores: cada vez que un bonannista —con un montón de materialidad de la buena— intervenía en un debate, daba la impresión de que todos los males del anarquismo se redujeran a un problema de organización. La "informalidad" se había convertido en un rasgo de identidad insurreccionalista en importancia solamente comparable al antidemocratismo. El encuentro de Milán en octubre de 1985 bajo el lema

Anarquismo y proyecto insurreccional permitió
a Bonanno exponer a grandes trazos su visión
de las transformaciones ocurridas en el capitalismo. Sorprende la ligereza con que usaba tri-
vialidades puestas en boga por la sociología
americana (por ejemplo calificar a la sociedad
de "post industrial") y el tono profesoral que
se gastaba. En su intervención podemos leer
esta enormidad: "la capacidad del capital desde
el punto de vista productivo hoy no se basa en
los recursos del capital financiero, esto es, sobre las inversiones, sobre el dinero, sino que
está basada esencialmente, casi en su totalidad,
sobre el capital intelectual". Aunque parezca
mentira, Bonanno repetía al profesor Negri.
"El capital ya no necesita recurrir a obreros para realizar la producción" así que "la centrali-
dad de la clase obrera ha sido trasladada a otra
parte. De primeras, tímidamente, en el sentido
de una difusión de la fábrica en el territorio [de
nuevo Negri]. Después más decisívamente, en
el sentido de una progresiva sustitución de los
procesos productivos terciarios al clásico se-

cundario". Uno se pregunta si sabía lo que decía, pues los procesos terciarios no tienen que ver con la producción, pero la prosa bonannista ha sido siempre una prosa torturada, sobre todo al teorizar. Según él, la clase obrera quedaba progresivamente al margen de la producción perdiendo protagonismo y, además, la revolución podía tanto ocurrir como no pues en la sociedad post industrial desaparecía la relación de causa a efecto entre las luchas y sus consecuencias. Pero sin decir por qué, "justo por eso la revolución se vuelve posible". Bonanno se había percatado de las revueltas de las barriadas marginadas en las ciudades inglesas y pontificaba gratuitamente acerca de la tarea de los anarquistas: "transformar las situaciones irracionales de sublevación en la realidad insurreccional y revolucionaria". El tema quedó aparcado *sine die*, pero ya hemos dicho que la teoría no era su fuerte y al tener que rellenar un par de publicaciones regularmente, procedía sin escrúpulos con los materiales que pirateaba. Por ejemplo, en

1987 copió la compaginación y la presentación tipográfica de la revista *Encyclopédie des Nuisances* para presentar la nueva serie de *Anarchismo*, anécdota inocente si no fuera por el fusilamiento de tres artículos de la EdN en sendos números del portavoz de Bonanno. Cortes no indicados, interpolaciones abusivas, retoques arbitrarios y numerosos errores sin intención aparente que forzaron a la EdN a emitir un comunicado en el que concluía: "Aquellos que exhibiendo una crítica que no es la suya, comienzan por disimular su origen todo lo que pueden, así como ocultar las luchas de donde proviene y las relaciones que estas implican, demuestran con ello ser incapaces de usarla y de descubrir los secretos de su época o de comprender las diversas operaciones especiales de la democracia espectacular. Donde la ficción domina en grande, las pequeñas falsificaciones pueden no tener importancia. Sin embargo aprovechamos la ocasión para declarar nuestra modesta convicción de que éstas explican el triunfo de aquella, y de que el hundimiento de una pasa por el fin de las otras". Bagatelas que no preocupaban a Bonanno, para quien el plagio y tergiversación gratuita de las ideas de otros era perfectamente compatible con la ética revolucionaria. La propiedad intelectual es el robo, pero la falsificación del trabajo de otros revolucionarios ¿qué era? Bonanno presumió siempre de no leer nada de los demás, pero comprobamos que no solo leía, sino que expropiaba.

Era el primer agitador revolucionario desde Blanqui que proclamaba la posibilidad de una ofensiva contra el Poder en pleno retroceso de la clase obrera. Evidentemente se trataba de un intento de escapar a los condicionantes históricos a través de la acción decidida de minorías. El protagonismo recaía según Bonanno en los grupos de afinidad y las organizaciones informales de dichos grupos, los únicos capaces de actuar en serio. Las masas no estaban para juergas revolucionarias. Condenaba las manifestaciones de masas por

pacíficas e inútiles y en su lugar, junto a manifestaciones "organizadas al modo insurreccional" fuesen posibles o no lo fuesen
propugnaba "la necesidad de pequeñas acciones destructivas, de ataque directo contra las
estructuras del capital". La responsabilidad de
estos ataques por los grupos debía de asumirse
plenamente y no remitirse a las condiciones
favorables o desfavorables, ni al nivel de conciencia general. La decisión de atacar directamente al Capital y al Estado no competía más
que a los revolucionarios, depositarios de la
esencia insurreccional del conflicto: "O atacamos o retrocedemos. O aceptamos hasta el fin
la lógica de clase del enfrentamiento como
contraposición irreductible y sin solución o
vamos para atrás, hacia los pactos, los detalles,
los embrollos lingüísticos y morales". Si querían vivir su vida, liberar los instintos, negar los
ideales burgueses, satisfacer sus necesidades
auténticas o cualquier otra zarandaja del vocabulario liberado de los rebeldes insatisfechos,
las palabras no bastaban. Cada anarquista te

nía que superar las barreras políticas y morales que le impedían actuar. Bonanno calificaba esos esfuerzos de "el gran trabajo de liberar al hombre nuevo de la ética" ("La fractura moral", en *Provocazione*, publicación dirigida por él, marzo 1988). Desdeñaba los métodos asamblearios porque retrasaban o paraban las acciones más decididas, así como las iniciativas que buscaban agrupar el máximo de adherentes, "la manía de la cantidad". Por esa razón no prestaba atención a los movimientos reivindicativos de base como los COBAS, constituidos en noviembre de 1987. El modelo bonannista eran las "ligas autogestionadas" que formaron a principios de los ochenta los habitantes de Comiso (Sicilia) para oponerse a la construcción de una base americana de misiles. Se trataba de "núcleos" informales asesorados por los anarquistas con un solo objetivo, la destrucción de la base militar, sin programa, autónomos (independientes de partidos, sindicatos o de cualquier otra entidad), en "conflicto permanente" con la dominación y "al

ataque", sin prestarse al diálogo, a la transac-
ción o al pacto. Seguramente para distinguir-
los de las luchas no inmediatamente
destructivas, denominaba a este tipo de conflictos "luchas intermedias", a diferencia de
otros con objetivos más amplios y motivados
por el "trabajo insurreccional" como la "lucha
contra la tecnología", que se saldó con más de
cien torres de alta tensión dinamitadas entre
1986 y 1988. La traducción de una octavilla
alemana que precisaba detalles de cómo echar
abajo una de esas torres le valió a Bonanno
una nueva estancia en prisión. En la campaña
de los postes, donde participaban rebeldes de
varios países, la manía de la cantidad volvía por
la puerta de atrás: los sindicalistas contaban
carnets, y los activistas, sabotajes. En todos
prevalecía el espíritu cuantitativo. Pues la eficacia de un ataque no depende del número de
explosiones, ni del grado de destrucción cau-
sado. No hay luchas "intermedias" y luchas
reales, hay luchas prácticas y luchas inútiles,
luchas que despiertan la conciencia de la opre-

sión y luchas que la duermen. No gustó a los anarquistas oficiales su presencia en el Congreso antimilitarista de Forli, puesto que le expulsaron de allí. La policía no pudo implicar a Bonanno en ningún hecho violento pero lo involucró arteramente en el asalto a una joyería. Fue arrestado el 2 de febrero de 1989 y puesto en libertad sin cargos dos años más tarde. Una vez libre, aprovechó el tiempo para viajar a España y dar el toque definitivo al insurreccionalismo, ideología que influyó en los medios anarquistas de diversos países, aquellos donde el anarquismo se encontraba estancado, adormecido y controlado por camarillas.

06

En 1992, Bonanno y otros compañeros se proponen dar un salto cualitativo en el "ataque" atrapando una "ocasión organizativa". A tal fin constituyen el grupo promotor de una Internacional Antiautoritaria Insurreccionalista. La palabra "insurreccionalista" surge por primera vez. En enero de 1993 viaja a Grecia e imparte a los universitarios de Atenas y Tesalónica dos conferencias en las que explica "por qué somos anarquistas insurreccionalistas". He aquí la ideología insurreccionalista resumida en seis puntos:

"Porque mantenemos que es posible contribuir al desarrollo de las revueltas que van naciendo espontáneamente por todas partes haciéndolas volverse insurrecciones de masas y por lo tanto reales y verdaderas revoluciones.

Porque queremos destruir el orden capitalista de la realidad mundial que gracias a la reestructuración informática se ha convertido en tecnológicamente útil, solamente a los gestores del dominio de clase.

Porque estamos por el ataque inmediato y destructivo contra estructuras concretas, individuos y organizaciones del capital y del Estado.

Porque criticamos constructivamente a todos aquellos que se retardan en posiciones de compromiso con el poder o que sostienen como imposible la lucha revolucionaria.

Porque mucho mejor que esperar, estamos decididos a pasar a la acción incluso cuando los tiempos no están maduros.

Porque queremos acabar con ese estado de cosas ya, y no cuando las condiciones externas hagan posible su transformación".

La concepción organizacional, cuyos elementos han ido formulándose durante los últimos veinticinco años, completaría la ideología. Bonanno se ha limitado a insertarla dentro de un calificativo-etiqueta con la que muchos no estarán conformes. "La organización revolucionaria anarquista insurreccionalista" consiste en grupos de afinidad formados en ocasión de luchas con el "objetivo de realizar acciones precisas contra el enemigo" y "crear las mejores condiciones para una salida insurreccional de masas". El carácter insureccional lo confiere la "conflictualidad permanente", es decir, el saberse en guerra contra la opresión del capitalismo y del Estado. Dichos grupos se apoyarán en "núcleos de base", vieja idea bonannista, cuya función "es la de sustituir en el ámbito de las luchas intermedias, a las viejas organizaciones sindicales de resistencia" en un terreno compuesto "por lo que queda de las fábricas, por los barrios, las escuelas, los guetos sociales y por todas aquellas situaciones en las que se materializa la exclusión de clase". Para Bonanno era la faceta destructiva y no el grado de conciencia provocado en las masas la que establecía la idoneidad de la acción. Ni que decir tiene que la forma preferida es el sabotaje, "el arma clásica de todos los excluidos" (*Otra vuelca de tuerca del capitalismo*), válida para cualquier ocasión y bueno para cualquier edad. El sabotaje es como el querer, que como canta Julio Iglesias, no tiene horario ni fecha en el calendario.

Para el joven Bakunin la realidad no era la simple constatación empírica de lo existente, separada del saber, de las ideas, y en definitiva, de la razón, sino que era una totalidad racional desarrollándose históricamente (*La reacción en Alemania*). Bonanno se contenta, en cambio, con las apariencias fenoménicas directas. Por eso, los análisis de la realidad social siguen siendo su asignatura pendiente. Por ejemplo, constata la inexistencia de una "mentalidad de fábrica" y la "descualificación" del individuo, así como la "pulverización" de la clase obrera, por lo que encuentra infundado referirse a "ridículas dicotomías como la de burguesía y proletariado", pero acto seguido pasa a dicotomías similares extraídas de la sociología vulgar: "la realidad social específica... presenta siempre una constante: la división de clase entre dominantes y dominados, entre incluidos y excluidos". Las dicotomías no se paran ahí por cuanto alude a "la confrontación entre países ricos y países pobres" que adopta o tiende a adoptar la forma de luchas de liberación nacional o de guerras de religión. Dicha confrontación, ocasionada por la incapacidad del capitalismo en "resolver los problemas económicos de los países pobres", le conducen al hallazgo de aspectos positivos en el nacionalismo y el integrismo islámico, cuyos asomos por el Mediterráneo le llevan a concluir que el Mare Nostrum será el "teatro de los próximos enfrentamientos sociales". A pesar de las derivas aberrantes del nacionalismo, todavía hoy Bonanno sostiene que "Las luchas de Liberación Nacional siempre se han visto por parte de un anarquista como una fase intermedia, como una lucha intermedia" (entrevista a Bonanno por Columna Negra en Monza, noviembre de 2012). Puede que la lectura de periódicos le convenciera de ser un experto en geopolítica, pues afirma sin molestarse en demostrarlo que en los países mediterráneos "se desarrollarán en los años venideros conflictos capaces de agudizar las tensiones en marcha"; no nos aclara si serán conflictos de clase o de Estados, probablemente ambos, pero en todo caso habrán de afrontarse con la práctica más adecuada, la insurreccional (*Propuesta para un debate*, 1993). En realidad, Bonanno se refiere al conflicto palestino, en el que tiene puestas grandes esperanzas. Como siempre, la lucha armada, al coger altura para adquirir una visión global, se queda en las nubes del tercermundismo.

07

Decimos nosotros que la revolución en las sociedades capitalistas la hacen las masas oprimidas cuando son conscientes de su antagonismo con la clase opresora dirigente y desean librarse de su dominio, no las minorías formales o informales. Ahora bien, la fuerza organizada de la dominación, el Estado, es superior a las fuerzas elementales de las masas, por eso, la condición primera de la victoria de la revolución es la organización de las mismas, pero dicha organización será el producto natural de las luchas sociales, no el fruto artificial del voluntarismo activista o de la propaganda. Si los tiempos no están maduros es porque no hay movimientos de masas conscientes. A falta de algo mejor se hace lo que se puede, pero la ausencia de luchas masivas jamás podrá compensarse ni con el activismo de unos cuantos grupos, ni con la construcción de organizaciones desde el exterior. Una defensa estratégica ha de consistir en organizar el teatro de guerra social con el objetivo de combatir al enemigo de clase. Eso significa liberar espacios para el desarrollo de la conciencia en las masas, o sea, para la emergencia de las luchas autónomas. Autónomas significa autoorganizadas, sin líderes, y por lo tanto sin vanguardias de ninguna clase, dirigidas de abajo arriba mediante métodos democráticos directos. En un contexto contrario, el activismo no sólo sustituye tales luchas sino que se erige en espectáculo radical de las mismas, ajeno e incluso hostil a las asambleas, por lo que más que ayudar al resurgimiento de la protesta revolucionaria, prepara el terreno para su desnaturalización. Bonanno negaba la existencia de tales espacios bajo el capitalismo, escenarios de la integración de las ideas emancipadoras en la lucha social, donde se produce la incorporación de los individuos a la vida cotidiana, y donde se esbozan perspectivas éticas, normativas e institucionales características de toda comunidad revolucionaria. Y puesto que las teorías sobraban, los espacios de encuentro con la praxis, también. La increíble confusión de las tesis insurreccionalistas no era de recibo, pero la inconsistencia y superficialidad de los análisis no importaba a Bonanno, poseído por un deseo de acción que sabía transmitir a los anarquistas decepcionados por la inactividad de las organizaciones tradicionales y demasiado perezosos para formarse intelectualmente. Éstos convirtieron sus ideas, ya de por sí dogmáticas, en verdades eternas desafiando toda lógica, puesto que no era precisamente la lógica su atractivo más característico, y provocando una separación abstracta con la realidad, es decir, una alienación, bien específica.

El insurreccionalismo calaba en determinados medios juveniles no por su lucidez o por su superioridad teórica. Tampoco por la eficacia de sus acciones, a menudo sazonadas con el vinagre de la prisión y de la tragedia personal. Mucho menos por haberse realizado la profecía del Mediterráneo. Las razones de su éxito relativo eran de índole sicológica: a quienes querían acción, les daba acción. La acción tenía algo de descarga emocional. Bonanno se había dado cuenta de que "el anarquismo era una tensión, no una realización" (*La tensión anarquista, conferencia de Cuneo*, enero de 1995) e insistía en ese hecho. El anarquismo no una teoría política, sino "una forma de concebir la vida", una apuesta personal. Bonanno describía la toma de conciencia anarquista como una "insurrección de carácter personal, aquella iluminación que dentro de nosotros produce las consecuencias de una idea fuerte", una especie de revelación que cambiaba la vida y no simplemente una manera de ver las cosas. Producía una liberación íntima, la elevación a un estado de gracia anárquica que ayudaba a soltarse de las ligaduras del entorno particular: "el insurreccionalismo es un hecho personal; cada uno debe llevar a cabo una insurrección consigo mismo, modificar las propias ideas, transformar la realidad que lo rodea, empezando por la familia, por la escuela, que son estructuras que nos mantienen prisioneros..." (entrevista a Bonanno en Radio Onda Rossa, el 20 de noviembre de 1997). En esto y en otras cosas el insurreccionalismo se asemejaba al maoísmo de los años setenta, abundante en Italia. Mao también proponía una transformación personal a través de la tensión ideológica, una especie de abandono de sí mismo en pos de valores superiores explicitados en la acción militante. Nada que Lenin no hubiera dicho antes al hablar de los "revolucionarios profesionales", esos hombres "que no dedicaban a la Revolución sus tardes libres, sino toda su vida". La diferencia radicaría a lo sumo en algo secundario, "el pensamiento Mao Zedong" o el "socialismo científico", asidero pasional que los "insus", dado su rechazo frontal de la teorización, no necesitaban. El pequeño "libro Rojo" del gran timonel indicaba que las ideas correctas, como por ejemplo las suyas, procedían de la práctica y no de ninguna teoría. De hacer caso a Bonanno, los anarquistas, si querían serlo de verdad, tenían que cuestionarse diariamente en función de lo que hacían y lo que pensaban, puesto que el hacer y el pensar cotidianos no podían andar separados. O la "metafísica", o el "anarquismo", o sea, en jerga "insu", o la bazofia teórica o la acción. La armonía entre la realidad y el deseo personal venía proporcionada por el activismo, asimismo de índole personal. La acción adquiría entonces una dimensión existencial trascendente que desechaba toda clase de mediación (sindicatos únicos, coordinadoras, organizaciones consejistas, consejos obreros, asambleas territoriales, etc.), sin la cual no hay construcción posible de individuos autónomos. Un anarquista sin acción era como un jardín sin flores, como un cura sin sotana o como un militar sin uniforme. ¿Cómo pararse si se estaba en "conflictividad permanente"? Un verdadero anarquista, un anarquista profesional, tenía siempre que dar la nota. Se era buen o mal anarquista según se actuara o no se actuara, los hechos y los resultados eran lo de menos. El anarquista no se diferenciaba de los políticos por sus palabras, ni tampoco por sus acciones, ni por sus objetivos, sino por convertir éstas "en un momento expresivo de su vida, caracterización específica, valor para vivir, alegría deseo, belleza, no realización práctica..." (*La tensión anarquista*). El anarquismo dejaba de ser la expresión teoricopráctica más verídica y radical del movimiento social anticapitalista pasado o presente, para convertirse en una técnica sicológica casera de autorrealización individual en contra (pero dentro) del capitalismo.

08

El bonannismo, peculiar versión del "do it yourself" americano en materia revolucionaria, ofrecía todos los encantos de la militancia sectaria sin ninguna de sus servidumbres orgánicas. No importaba que la clase dominante dispusiera de fuerzas ingentes y que sus adversarios no fueran capaces de movilizar más que ridículos efectivos. Ni eso, ni la ausencia de verdaderos movimientos sociales, la falta de reflexión estratégica y la inexistencia de una corriente verdaderamente crítica de pensamiento revolucionario era un hándicap, sino la condición esencial del insurreccionalismo. Básicamente, la estrategia se limitaba a sembrar caos, es decir, a impedir un funcionamiento ordenado del sistema, sin más preocupaciones. Por otro lado, el carácter ilegal de la agitación aconsejaba por cuestiones evidentes de seguridad mantener una cierta distancia con el prosaico trabajo de masas. La desintegración de la experiencia, consecuencia del ritmo acelerado de cambio impuesto por el capitalismo, producía individuos ajenos al pasado y despreocupados por el futuro, inmersos en un presente continuo cuyas formas de conciencia quedaban reducidas a lo inmediato. La misma realidad no aparecía sino como una serie de instantes, y los colectivos sociales, como una yuxtaposición de átomos individuales, no como "comunidades del placer". Verdad y mentira, razón y sinrazón, medios y fines, táctica y estrategia, perdían sus contornos y su dilucidación adquiría la categoría de irrelevante. La historia podía cambiarse por la estadística. Se estaba dando en la sociedad del espectáculo una involución cultural generadora de modas antiintelectuales. Por primera vez se alardeaba de ignorancia incluso en los medios anarquistas. "La ignorancia es la fuerza" como dijo el Gran Hermano en la memorable obra de Orwell *1984*. Se infravaloraba cada vez más la dimensión pedagógica y y el carácter comunista del anarquismo. El vínculo imprescindible entre pensamiento y praxis, entre lo particular y lo universal, entre razón y vida cotidiana, o sea, la formación, quedaba descartado. El subjetivismo más arbitrario se imponía. La libertad de los demás no era ya la condición necesaria y la confirmación de la libertad propia según la conocida frase de Bakunin. Un extremado individualismo tildado de "autonomía", al que si al caso unos pasajes de Stirner contribuían a reforzar, protegía al anarquista profesional no sólo contra cualquier crítica libremente expresada por otros, sino contra la misma realidad. El profesional de la insurrección podía creerse en la pomada tanto si la eyaculación era precoz como ajustada, es decir, cualquiera que fuera la pertinencia o la insensatez de sus actos o simplemente de sus palabras, pues, indiferente a las masas tanto como a los hechos históricos (habrá quien diga que el interés por la historia era "marxismo"), aquél no rendía cuentas ante nadie. Él era el único juez de sí mismo. En realidad, este relativismo táctico-moral se desprendía de la adaptación en medio libertario a la pérdida de experiencia del tiempo inducida por el capitalismo tardío, que llevaba implícita la pérdida del sentido de la verdad histórica, y, por consiguiente, la ausencia de cualquier responsabilidad ante ella, tanto en la práctica como en la teoría. A ello deberíamos añadir los efectos de la decadencia intelectual que le iba asociada multiplicados por internet. Eran rasgos primerizos de posmodernismo anarquista, ideología que fomentaría la propagación de un anarquismo "líquido" y nihilista atrozmente reaccionario. Por una ironía de la historia, o como dirían en Argentina, por una pelotudez, el viejo Bonanno había sobrevivido a sus contradicciones y carencias. Concretamente, gracias al acné juvenil individualista propagado por las redes. La conciencia satisfecha de sus imitadores y fotocopias había sido de gran ayuda.

La Internacional insurreccionalista, informal, temporal y sin siglas, se reunió en Atenas en otoño de 1996, poco antes o poco después de que Bonanno fuera encarcelado por pertenencia a banda armada. La represión también había pasado al ataque con detenciones y montajes mediático judiciales desde 1994. *Anarchismo* había dejado de salir, pero en *Canenero*, editado en Florencia, confluyeron durante un momento las distintas facciones informales de la Internacional. Los insurreccionalistas habían sobrestimado las posibilidades revolucionarias de los países mediterráneos y subestimado la capacidad represora de un Estado hiperequipado. La estrategia más elemental hubiera planteado antes que nada la pregunta: ¿podía sobrevivir la práctica insurreccional a la represión que desencadenaría de inmediato? Por supuesto que no. Añadamos otras: ¿Se libraría del sectarismo? ¿Soportaría la conversión de algunos activistas flojos en arrepentidos confidentes tras su paso por comisaría? ¿Y la conversión de otros en provocadores o fiscales? ¿Podría escapar al bucle presista acción-represión-solidaridad con los detenidos? ¿Sería capaz él solo de dar la vuelta a los montajes de un "terrorismo internacional" que la policía edificaría a su costa? El proceso Marini fue la respuesta del Estado italiano al aguijonazo insurreccionalista. Hubo respuestas similares en Grecia y en España. Bonanno salió de la cárcel en octubre de 1997. Las divergencias entre los distintos grupos acentuadas por la represión estallaron como era de prever. La Internacional se reunió una segunda vez el 2000 en algún lugar de Italia y dio por terminada su existencia, aunque la policía europea insista en la presencia fantasmal de una "internacional terrorista" cada vez que arde algún cajero. Cuatro años más tarde acababa el Proceso Marini con duras sentencias para la mayoría de los encartados. Bonanno resultó condenado a seis años, pero cumplió la parte que le quedaba en arresto domiciliario. En octubre de 2009 Bonanno fue detenido en Grecia, encarcelado y juzgado por complicidad en un atraco a un banco. Estoicamente aguantó en prisión hasta la celebración del juicio, un año más tarde. Condenado a cuatro años por complicidad, finalmente fue extraditado a Italia en razón de su edad, pero no se quedó parado, ya que viajó a varios países largando a sus admirativos partidarios las cuatro o cinco definiciones esquemáticas en las que se resume su ideario. Hacía tiempo que Bonanno se había convertido en un personaje famosillo y desempeñaba su papel con cierta complacencia: sus apariciones en España, Uruguay y Argentina están ahí para demostrarlo. Sin embargo, sus esperanzas habían cambiado de residencia. El futuro insurreccional, afirmaba, estaba ahora en América Latina, pues sobre Europa pesaban demasiadas tradiciones, demasiados conocimientos y demasiada historia:"demasiada filosofía, demasiado Hegel" (entrevista de *Tierra y Tempestad*). Demasiado amor al saber, y por lo tanto, a la verdad, que es lo que significa la palabra filosofía. Desde luego, la exagerada atención y el seguidismo reinante hacia todo lo europeo, particularmente a lo obsoleto, era la causa de que la ideología bonanniana, y en general cualquier otra moda izquierdista, fuera tomada más en serio en el gueto contestatario latinoamericano que en su continente de origen. En fin, el problema era justo el contrario: demasiado gueto, demasiado poco pensamiento crítico, demasiada poca memoria, demasiada poca racionalidad, sin las cuales nunca podrán levantarse los fundamentos de la libertad. Sin teoría, sin historia y sin razón no hay libertad. Incluso en Latinoamérica, la destrucción de las jerarquías y las clases, base de una comunidad libre, será, hablando en jerga hegeliana, la realización de la filosofía, no su relegación.

Regresando a nuestro tema, admitiremos de buen grado que de una forma u otra, entre muy pocos aciertos y sobradas incongruencias, el compañero Bonanno y los insurreccionalistas siguen en la brecha, y aunque la rabia nunca llegara a epidemia, forzoso es admitir que sus ideas gozan de alguna popularidad en los medios libertarios, eso sí, muy por encima de sus méritos: ni nos iluminan ni nos esclarecen. No aportan nada, simplemente se repiten una y otra vez, como el ajo, pero los tiempos están a favor de las fórmulas facilonas que resisten inmaculadas el paso de los años. "Henos aquí, entonces, con que hubo historia, pero ya no la hay" (*Miseria de la filosofía*). También, a pesar de que no hayan aprendido lo suficiente, los 'insus' no se olvidan de sus presos. Bueno, no son los únicos. "Ofreced flores a los rebeldes que fracasaron", dijo Vanzetti, y nosotros sinceramente las ofrecemos a todos los anarquistas que yacen en las ergástulas. Nuestras críticas no nos impiden reconocer su coraje y nuestro desacuerdo no supone un obstáculo para que denunciemos los montajes de los que son víctimas y para que exijamos su liberación. Estamos en barcos cercanos y bogamos más o menos en la misma dirección.

Edición actualizada y corregida del libro publicado
originalmente en Pensamiento y Batalla, Santiago
de Chile, 2017

CALUMNIA

Cincuentra sombras sobre Bonanno.
Anarquismo de praxis y desarme teórico
de MIQUEL AMORÓS
se publicó el día 4 de marzo de 2024,
el mismo día en el que Catania escuchó los
primeros gritos de protesta de Alfredo Bonanno.